# LETTRE

## A

# M. LE COMTE CARNOT.

A PARIS, chez Desauges, libraire, rue Jacob,
au coin de celle Saint-Benoit.

*Se trouve aussi,*

AU PALAIS ROYAL,

Chez tous les Marchands de Nouveautés.

# LETTRE

A

## M. LE COMTE CARNOT,

*Sur l'Exposé de sa conduite politique depuis le premier juillet 1814.*

---

Quoquò, sceleste, ruis?

Horat.

---

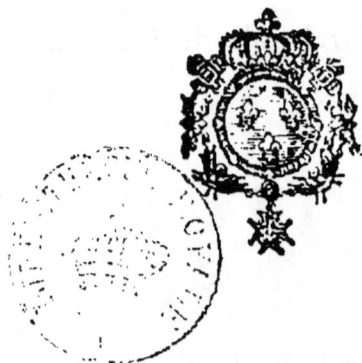

## PARIS,

DE L'IMPRIMERIE DE C.-F. PATRIS.

RUE DE LA COLOMBE, Nº 4.

OCTOBRE 1815.

# LETTRE

A

# M. LE COMTE CARNOT,

*Sur l'Exposé de sa conduite politique depuis le premier juillet 1814.*

J'ai lu, monsieur le Comte, l'Exposé de votre conduite politique. Cet ouvrage, conforme aux principes que vous avez toujours professés, augmentera la réputation que vous avez acquise, et ajoutera, sans doute, à la reconnaissance que vous doivent tous les Français.

Mais quel a été mon étonnement, de voir que dans le monde on donne à cet écrit une interprétation différente! Imaginez ma surprise, lorsque j'entends dire à des personnes dont les lumières et la probité sont estimées, qu'en signalant l'irrégularité de la mesure prise contre vous, vous attentez à la majesté du Roi, et cherchez à affaiblir le respect que l'on doit à sa personne; que, lorsque vous insinuez que les mêmes éléments de trouble qui subsistaient à l'époque du retour de Bonaparte, subsistent encore aujourd'hui, vous voulez ranimer le courage de vos *frères et amis*, semer des craintes sur des dangers imaginaires, et fomenter une nouvelle révolution. On ajoutait que cet écrit était d'autant plus dangereux, qu'il est infecté de ce levain révolutionnaire que naguère vos mains ont pétri, et dont le ferment produit depuis vingt-cinq ans le vertige et l'erreur. On soutenait que ce même écrit tendait à prolonger les maux inséparables de la présence des alliés; car leur intérêt exige qu'ils ne quittent pas notre territoire tant que la division des esprits nuira à toute garantie, ou tant qu'ils auront à craindre ces *saintes insurrections* que la nature vous a donné le talent d'exciter.

Cette opinion était trop éloignée de celle que j'avais conçue, pour me rendre sans une mûre discussion ; et afin de juger avec sagesse l'*Exposé de votre conduite*, afin d'apprécier toutes vos intentions, nous fîmes l'analyse et le commentaire de toutes ses pages.

Je vous avoue, M. le Comte, qu'en observant que vous étiez sous la surveillance de la police générale, que vous étiez appelé à répondre de votre conduite devant un tribunal, nous fûmes un moment arrêtés par le respect qu'on doit au malheur. Nous nous disions que peut-être nous aurions quelques reproches à nous faire, si nous venions à découvrir des intentions qui pourraient vous rendre plus coupable.

Mais en ouvrant votre factum, nous fûmes bientôt rassurés ; nous vîmes que vous-même provoquiez la censure du public, et n'aviez rompu le silence que dans le seul désir de faire parler de vous; que dès-lors, ne pas pénétrer et publier toutes vos idées, toutes vos vues, toutes vos espérances, ce serait plutôt vous désobliger que vous servir; nous jugeâmes votre ouvrage sans partialité, et sans que notre conscience nous fît le moindre reproche.

Et en effet, suivant vos propres expressions (page 1), *vous ne cherchez ni à parler de vous ni à vous faire oublier.* Malgré ma disposition à embrasser votre défense, je fus obligé de convenir que vous auriez agi avec beaucoup plus de sagesse, et que vous inspireriez un intérêt plus vif, si vous aviez attendu avec calme l'acte de votre accusation, sans rompre le silence, et sans sortir de votre retraite. On ne

prouve jamais qu'on n'aime pas à faire
parler de soi lorsqu'on écrit sans aucune provocation, et pour se justifier
en feignant d'ignorer ce dont on est
accusé. Ainsi, si l'*Exposé de votre conduite* ne prouvait pas l'envie d'entretenir toujours le public de vos travaux
et de votre nom, il ferait croire l'intention de montrer à vos amis les armes
perfides avec lesquelles vous voulez
que l'on seconde votre défense.

Je fis valoir la nécessité où vous
vous trouviez de parler d'une ordonnance *qui déroge à la Charte constitutionnelle, et de signaler les dangers
de cette violation*, (page 2) : on me
répondit, que ce n'était point à un
simple particulier comme vous, à signaler ces violations ; que les chambres
et les tribunaux étaient chargés de cet
honorable privilége, et que, puisque
vous deviez être jugé par eux, vous

ne pouviez faire valoir vos droits qu'à leur barre. On ajoutait que sans doute une Charte qui trace au Roi les devoirs qu'il doit remplir, indique également aux sujets les devoirs auxquels ils sont soumis, et l'on en tirait cette consé-quence : *le premier devoir d'un sujet est de ne trahir ni les lois de son pays, ni son souverain légitime :* or, M. Carnot est un traître, puisqu'après avoir reconnu la légitimité de Louis XVIII, ainsi qu'il le dit dans sa note (page 21), il ose passer tout-à-coup sous l'éten-dard d'un usurpateur, et devenir son ministre. On se demande quel est celui qui a manqué le premier aux lois de cette Charte qu'ose invoquer M. Car-not, ou du sujet infidèle ou du mo-narque qui punit. On se demande en-core (puisque nous sommes toujours dans cet état de démence où les sujets se placent sur la même ligne que leur Roi) quel est celui qui par la vio-

lation de la Charte constitutionnelle
a nui le plus aux intérêts de l'État ; et
l'on a prouvé que si vous fussiez de-
venu chef de parti , si vous aviez ob-
tenu quelque puissance , la France
eût éprouvé une secousse bien plus
forte que si Louis XVIII vous eût puni
comme Louis XI punissait les factieux.

Vous avez eu aussi , monsieur le
Comte , le bonheur ou le malheur de
faire parler de vous long-temps avant
le premier juillet 1814 : et l'on était
étonné de la hardiesse , l'on disait plus
encore, de l'impudence avec laquelle
vous , qui avez *régné* pendant le temps
de la loi contre les suspects , pendant
les assassinats juridiques du tribunal
révolutionnaire ; vous enfin qui savez
si bien mettre de côté les lois et les
formes constitutionnelles , vous osez
sonner le tocsin et crier à l'injustice,
pendant que les Français n'ont jamais
connu sous votre *toute puissance* , les

douceurs de la liberté et les avantages
de la justice.

On n'était pas moins surpris de voir
qu'en parlant de l'ordonnance du 24
juillet et de la violation de la Charte à
votre égard, vous parliez du besoin de
consacrer votre pensée au bonheur de
votre patrie (page 2).Qu'ont de commun
le besoin de parler de vous, et le bonheur de la France ? et ne ressemblez-
vous pas à Tartuffe qui veut venger
le ciel qu'on outrage lorsqu'on le chasse
d'une maison dont il convoitait et la
femme et la fille et les biens?

J'avoue, monsieur le Comte, qu'à
mes yeux, vous et ma patrie m'offrez
deux intérêts bien distincts. Mais pour
ne pas trop approfondir la sottise d'une
prétention qui fournît tant au ridicule,
et que sans doute vous développerez
plus heureusement une autre fois; je
demandai avec vous ; pourquoi *de tous*

*les ministres à porte-feuille vous étes*
*le seul compris dans l'ordonnance du*
*24 juillet , (page 3.)*

C'est une question que beaucoup de
gens se sont faite sans doute,me répondit-on ; mais elle tient au secret de Sa
Majesté , qu'un particulier comme M.
Carnot aurait dû respecter. Nous nous
contentons de penser que les autres
ministres ont servi secrètement l'État,
le Roi ou les alliés ; et, sans doute , M.
Carnot le croit lui-même. Cette phrase
ambigüe de la page 3 , *supposerait-on*
*qu'ils sont moins sincères que moi*,
n'est pas jetée au hasard. Malgré son
ton mielleux et ses phrases tortueu-
ses et sentimentales, ce passage indique qu'il le croit, et qu'il veut
qu'on le croye. C'est une assertion
qu'il jette à l'aventure, assez fortement
exprimée pour qu'il puisse y revenir
en temps et lieu, et assez légèrement
présentée pour laisser le fait dans l'in-

certitude, si le temps et les lieux ne reviennent jamais. Voilà comme on prépare habilement les matériaux d'une réaction; voilà comme on écrit révolutionnairement l'histoire.

On trouvait aussi, monsieur le Comte, que vous étiez un peu brusque dans vos transitions. Il distille, disait-on, son perfide venin sur ses collègues; il les désigne avec des couleurs riantes au poignard dont il voudrait armer les factieux; et, toujours plein de ses vengeances ou de lui, tout-à-coup il nous amène à son fameux Mémoire au Roi, qu'il a fait publier avec une affectation si ridicule. Il nous apprend d'abord que ce fameux Mémoire devait avoir le titre de *Caractère d'une juste liberté et d'un pouvoir légitime* (page 7). Certes, si M. Carnot était dépouillé de toute prévention, personne ne pourrait aussi bien que lui approfondir une question pareille. Ce que l'on étudie ou qu'on observe ne se grave jamais avec autant de justesse dans l'esprit que ce dont on abuse ; et M. Carnot, en prenant son titre de *membre du comité de salut public*, eût inspiré la plus grande confiance à tous ceux qui veulent apprendre ce que c'est qu'*une juste liberté et un pouvoir légitime.*

Nous lûmes ensuite les pages 4, 5, 6, 7, 8 et 9 ; on admira comment un profond mathématicien avait pu écrire tant de pages si diffuses pour parler uniquement de ce Mémoire au Roi, de l'anonyme qu'il voulait garder, des falsifications, des lacunes, des contresens qu'il n'aurait pas laissé subsister, de l'importance qu'a mise la police à sa publication, de l'impossibilité où il était, lui MINISTRE DE L'INTÉRIEUR, d'arrêter cette publication. On était étonné que la culture d'une science qui ordinairement donne de la rectitude aux idées, eût servi à M. Carnot uniquement pour divaguer sur des faits incroyables, et pour ramener, par une transition aussi fausse que maladroite, sur des circonstances dont il voulait entretenir le public, et qu'il ne savait pas rappeler d'une manière plus heureuse.

Cette maladresse prouve, heureusement pour les têtes humaines, que les hommes les plus expérimentés sont quelquefois embarrassés pour être perfides et méchants : et voilà pourquoi M. Carnot paraît être l'un et l'autre, lorsque, dans ces pages 11, 12 et 13, il parle des éléments de discorde qui subsistent encore dans la malheureuse France.

Mais comment qualifier, disait-on, l'audace avec laquelle M. Carnot ose répéter, au mois de septembre 1815, tous les mots, toutes les phrases dont on a tant abusé pour égarer l'esprit

public avant le retour de Bonaparte ?
Certes, il faut bien compter sur la clémence du Roi, et sur l'éternelle impu-
nité qu'on doit à cette clémence ; il
faut être bien exercé dans l'art de faire
circuler le mensonge et la calomnie ;
il faut être bien assuré de l'effet que
ces semences empoisonnées produi-
sent sur l'esprit crédule du peuple ; il
faut bien peu tenir à l'estime publique
pour oser trahir à ce point la vérité,
et pour sacrifier, au besoin d'allumer la
discorde, la réputation d'homme d'honneur à laquelle tout écrivain doit constamment aspirer.

J'étais fort embarrassé, M. le Comte,
pour répondre à cette sortie vigou-
reuse. Heureusement vous m'aviez of-
fert quelque ressource en citant les
preuves de toutes vos assertions. Et je
me suis hâté de lire les notes de la
page 11 et 12, dans lesquelles vous

avez eu l'esprit de trouver tant de choses,

Eh! Monsieur, me disait-on, le piége est trop grossier ; comment M. Carnot a-t-il pu trouver la preuve du dessein *de poursuivre les conventionnels votants, leurs familles, leurs amis, et jusqu'à ceux qui leur envoyaient des adresses*, dans cette phrase de M. Lainez, président de la Chambre des Députés; QUELLES QUE SOIENT LES FAUTES COMMISES, CE N'EST PAS LE MOMENT DE LES EXAMINER (page 11); ce qui signifie, pour tous ceux qui n'ont pas intérêt à repousser l'évidence, « la Chambre a sans doute quelque reproche à se faire; elle a donné trop d'importance aux adresses que les factieux lui faisaient parvenir; elle s'est quelquefois immiscée dans les attributions du pouvoir exécutif; elle a patiemment écouté quelques discours incendiaires que la prudence ne permettait pas de laisser prononcer à sa tribune...... Mais ce n'est pas le moment d'examiner ses fautes. »

Et cette phrase, NOUS SUPPLIONS VOTRE MAJESTÉ DE NOUS PERMETTRE DE PRÉSENTER A SON INTIME CONFIANCE DES MOYENS QUE NOUS CROYONS PRO-PRES A RANIMER L'ESPÉRANCE PUBLIQUE (page 11). Que M. Carnot soit de bonnefoi ( *s'il est possible* ), cela veut-il dire, ainsi qu'il le prétend (page *idem*), nous allons vous propo-ser de *frapper et d'atteindre dans leur honneur, dans leurs propriétés ou dans leur vie, tous ceux qui ont pris part à la révolution ;* ou cela voulait-il dire, nous allons prier Votre Ma-jesté de s'entourer d'un ministère qui n'ait jamais encouru la défaveur du pu-blic.

Et, lorsqu'à la tribune le général

Augier a dit : Les actes irréfléchis
des ministres ne se renouvelleront
plus, M. Carnot peut-il entendre par-
là, qu'on faisait un reproche indirect
aux ministres d'avoir eu l'intention de
rétablir la dîme, les droits féodaux, et
de chasser les acquéreurs de biens natio-
naux; ou cette phrase ne signifie-t-elle
point, si les ministres ont commis quelques injustices, si des places ont été
données à des hommes incapables de
les occuper, au préjudice de ceux qui y
avaient des droits ( car voilà les fonctions ministérielles ), ils seront doré-
navant moins irréfléchis dans leurs
choix et dans leurs mesures.

Mais on a jugé, monsieur le Comte,
qu'aux yeux de la probité et de l'honneur, vous étiez inexcusable de prétendre trouver la preuve des perfides
intentions de la cour dans cette phrase
du Roi, tirée de la proclamation que
Sa Majesté publia à Cambrai le 28 juin;

MON GOUVERNEMENT A DU FAIRE DES FAUTES, PEUT-ÊTRE EN A-T-IL FAIT.......

Eh! quoi.... Les expressions de la noblesse et de la générosité, celles d'un prince vertueux qui voudrait être parfaitement juste, ne peuvent-elles pas attendrir le cœur de M. Carnot? Est-il donc inaccessible, ce cœur qu'il dit si pur (page 51), aux doux épanchements de la bonté et de la bienveillance? Mais si, pour son malheur, il est sourd à ces nobles accents, comment ne se souvient-il plus du caractère des hommes dont il a partagé la puissance? Ils ont dû lui apprendre que quand on a des intentions perfides, on ne les avoue jamais; et si le Roi eût reçu de la nature une âme capable de perfidie, elle lui aurait aussi donné l'art de dissimuler. Peut-être alors, vous M. Carnot, et tant d'autres, connaîtriez aujourd'hui comment les esprits perfides savent se venger des perfidies..... et vous osez emprunter

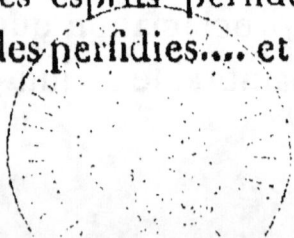

2

les paroles généreuses de sa voix
auguste et sacrée pour appuyer les
sophismes de votre jugement en délire.

Ah ! lorsque la postérité aura versé
des larmes amères sur les pages de
notre histoire teintes de boue et de
sang , et dans lesquelles votre nom
sera si souvent répété ; lorsque nos
neveux, frémissant au souvenir de tant
de crimes , auront besoin de soulager
leur cœur et de reposer leur esprit , ils
liront les proclamations que Louis XVIII
a publiées à cette époque désastreuse ;
ils reliront le testament de son malheureux frère ; ils pleureront sur la mort
de l'un , sur la vie infortunée de l'autre ;
et ils trouveront quelques douceurs à
verser des larmes. Mais alors , malheur,
oui malheur à l'homme méchant et
coupable que la postérité jugera ; car
ses jugements seront dictés par l'impar-
tialité la plus sévère : doit-elle hériter

de nos dissensions, de nos préjugés et de nos vices ?

J'avais peu de chose à répondre, monsieur le Comte ; la personne qui parlait était profondément émue, je jugeai bien que son âme était oppressée par des sensations trop vives pour oser lui présenter de froides observations. J'aimai mieux convenir que les preuves présentées à l'appui des faits que vous avez eu la témérité d'avancer, ne leur sont point applicables, n'ont avec eux aucune relation, et ne peuvent s'y attacher en aucune manière.

Après un moment de repos, nous continuâmes notre lecture, et nous parvinmes enfin à la page 15. Vous aviez épuisé tout ce qu'il pouvait vous rester à dire sur ce fameux mémoire. Je m'empressai de faire observer avec quelle franchise vous parliez de l'uti-

lité dont vous auriez été pour l'État,
et avec quelle ingénuité vous deman-
diez au public si votre mémoire conte-
nait rien d'aussi fort, d'aussi personnel,
d'aussi peu mesuré que tout ce qui fut
dit du Roi, *après son départ*, dans les
harangues et dans les adresses à Bonaparte.

Nous étions très sérieux, et tout-à-
coup on me répondit par un éclat de
rire général.

Eh quoi! me dit-on, vous ne souriez
pas de pitié, en voyant à découvert
tout l'orgeuil de M. Carnot qui veut
constamment se croire utile, qui a
toujours la prétention de rendre des
services à l'état, et qui successivement
depuis vingt-cinq ans vient offrir à
chaque gouvernement ses talents et ses
veilles?

Eh quoi! vous ne sentez pas s'é-

chapper malgré vous un sourire d'indi-
gnation, en voyant l'hypocrite ingénuité avec laquelle M. Carnot prétend
n'avoir jamais parlé du Roi avec autant
d'irrévérence que les folliculaires, les
auteurs de la fameuse chambre de Bonaparte et les fédérés. Peut-on pousser
le délire jusqu'à prétendre qu'un mo-
narque a des obligations à un de ses
sujets, parcequ'il a bien voulu ne pas
l'outrager sur son trône ?

Vous pensez bien, Monsieur le comte,
que je ne partageai point l'opinion générale. Quoique je n'aye pas encore pu
me persuader qu'un sujet eût le droit d'é-
crire insolemment à son Roi ; quoique
je ne me sois pas encore senti la moindre tentation d'user de ce privilége, il
est cependant possible qu'on puisse se
le permettre, en allant à l'école de
vos subtilités. Mais pour ne pas trop
nous écarter de notre sujet, je me hâtai
de faire observer qu'on ne pouvait pas

vous accuser d'avoir eu des relations
avec Bonaparte , et d'avoir participé
aux tentatives qui ont été faites pour
son retour, puisque vous le dites for-
mellement (page 18).

Un homme, me répondit - on, ne
peut jamais être accusé d'avoir dit un
mensonge, lorsqu'on n'a pas à lui opposer une preuve matérielle de sa
fausseté. Cependant, lorsque quelques-
unes de ses démarches se trouvent trop
évidemment en contradiction avec ce
qu'il avance, on ne peut s'empêcher
de lui opposer cette contradiction.
Ainsi donc, on demanderait à M. Carnot dans quelles intentions il est allé
voir Bonaparte douze heures après son
arrivée ; l'on sait qu'il n'avait alors aucune fonction publique, aucune place
à conserver : pourquoi donc aller grossir
le nombre des fonctionnaires parjures
ou la tourbe des intrigants ? Quoiqu'en
dise M. Carnot, on sera toujours tenté

de croire qu'il avait quelque relation secrette, puisqu'il a été aussi exact au rendez-vous que l'usurpateur avait donné à ses coupables adhérents, dans le palais profané de nos Rois légitimes.

Eh! non, Messieurs, leur dis-je, vous êtes injustes! M. Carnot était *mécontent*, il le dit page 20; *il était enchanté du retour de Bonaparte, parce que le gouvernement royal ne tenait pas ce qu'il avait promis* (p. 21); et il a accepté le ministère, *parce qu'il croyait* que son NOUVEAU MAÎTRE *était venu avec le desir sincère de faire la paix et de gouverner paternellement.* D'ailleurs, il ne doutait pas des intentions des puissances. *Elles devaient nous laisser,* dit-il (page 23), *choisir le gouvernement qui nous conviendrait, pourvu que nous demeurassions fidèles aux stipulations du traité de Paris.*

M. Carnot, me répondit-on, est ici

d'une mauvaise foi bien prononcée.
Qu'il fût mécontent, je le crois : il l'est
aujourd'hui et il le sera tant qu'on ne
lui donnera ni emploi ni dignités ; ou
plutôt il le sera tant que le retour à
l'ordre et aux principes fera la censure
indirecte de sa conduite passée. De
même quand il nous peint son enchan-
tement du retour de Bonaparte, personne ne doute de sa sincérité ; mais
lorsqu'il nous dit qu'il *croyait* cet im-
pitoyable Corse animé du desir de
gouverner paternellement, sa mauvaise
foi est trop manifeste pour ne pas ré-
volter les esprits. M. Carnot savait as-
surément mieux que personne que Bonaparte avait des projets bien différents.

D'ailleurs, comment pouvait - il
concilier la disposition qu'il suppose à
Bonaparte de rester fidèle aux stipulations du traité de Paris avec les
titres pompeux d'EMPEREUR DES FRAN-
ÇAIS, etc., etc., etc., etc. Que signi-
fiaient ces quatre *et cætera*, et qu'an-

nonçaient-ils aux puissances étrangères?
A-t-il trouvé des dispositions pacifiques
à son *maître*, parce qu'il demandait la
paix et le Rhin? A-t-il admiré ses
vues paternelles lorsqu'il promettait
d'indemniser avec les biens de *préten-*
*dus traîtres* qu'il ne désignait pas encore, ceux de ses favoris qui avaient été
privés de leurs dotations et de leurs
majorats; lorsque les commissaires ex-
traordinaires de sa police transportaient
loin de leurs domiciles les nouveaux
suspects destinés sans doute à l'anni-
versaire d'un 2 septembre; lorsque
l'on considérait la fidélité comme un
attentat, et le parjure comme une vertu
sur laquelle on épuisait la coupe des
faveurs; lorsque chaque jour l'on ou-
vrait de nouvelles listes de proscrip-
tions, et enfin lorsqu'à chaque conseil
de ministres, l'on prononçait la saisie
des biens des malheureuses victimes
de ces nouvelles persécutions? Et il
n'hésite pas à qualifier ces actes ar-

bitraires d'administration paternelle! et il dse se vanter d'avoir *fait quelques efforts pour éviter une réaction* ( page 17)! Qu'est-ce donc qu'une réaction, si ce n'est l'eusemble de tant de mesures oppressives et tortionnaires? Ah! il connaît, et surtout il éprouve mieux que nous les avantages d'un gouvernement paternel ; et si par un retour sur lui-même il ressent une minute le besoin d'être juste, il dira, avec le bon La Fontaine : TOUT PÈRE FRAPPE A CÔTÉ. Voilà l'esprit de l'ordonnance du 24 juillet, les caractères de la bonté et de la tendresse paternelle.

Mais , continuait votre censeur, M. Carnot a entendu *l'empereur aux quatre et cætera* déplorer la manie des conquêtes (page 23); il s'attendrit avec lui en pensant à sa femme, à son fils , gages assurés d'une alliance éternelle , (pages 23 et 24). Il jouit en pensant aux

aimables fonctions qui lui sont confiées;
il va soulager la classe indigente, faire
fleurir l'industrie, perfectionner l'instruction publique, et la postérité dira
avec admiration : CARNOT FUT LE *Lou-
vois* DE ROBESPIERRE, ET LE *Colbert* DE
BONAPARTE.

Certes de si hautes destinées doivent flatter une ame aussi sensible que
celle de M. Carnot; et tout le monde
conçoit l'heureux délire dans lequel
ces riantes images plongeaient un phi-
lantrope de 93.

Mais comment sa confiance a-t-elle
pû subsister dans toute son intégrité,
lorsqu'il a entendu le tumulte des armes, et lorsqu'il a vu les puissances
repousser les ambassadeurs de Bonaparte? Est-ce en criant vive la nation
au faubourg Saint-Antoine que cet *empereur sans culotte* a pu ranimer les
vieilles chimères et les effrayantes espérances de M. Carnot? Enfin, quelle

illusion ce dernier pouvait-il conserver encore, lui qui, page 23, dit que *l'empereur, naturellement porté aux actes arbitraires, refuse d'écouter les représentations les plus fortes?* Pourquoi, dès-lors, le ministre, convaincu de cette impénitence finale, n'a-t-il pas renoncé aux fonctions qui lui étaient confiées, pour rentrer dans la ligne dont il était si glorieux de n'avoir jamais dévié ?

Ah! pourquoi me suis-je écrié, en interrompant cette série d'apostrophes, pourquoi ne faites-vous pas cette même question aux autres ministres, ainsi que le dit encore une fois M. Carnot, page 26?

Parce que les autres ministres ont été utiles à leur patrie, et lui ont prouvé une fidélité que M. Carnot réservait uniquement au maître qu'il avait encensé; et parce que, sans doute, ils

ont eu quelques droits à la bienveillance ou à la confiance du roi, que
M. Carnot ne savait ni ne voulait vrai-
semblablement pas acquérir. Voilà comment (ainsi qu'il le dit lui-même, page
27), *suivant les principes de la justice
éternelle, lorsque la majorité se pro-
nonce, la minorité qui s'obstine dans
son opposition n'est plus qu'une faction.*
Mais il ne faut pas tirer de cet axiôme,
juste dans le fond, la fausse conclusion
qu'en a déduite M. Carnot; et, au lieu
de dire comme lui, *dans les discordes
civiles il n'y a point de coupables, mais
seulement des vainqueurs et des vaincus,* nous dirons : Dans nos discordes
civiles, s'il n'y avait point eu de coupables, nous n'aurions eu ni vainqueurs
ni vaincus.

Nous lûmes ensuite, monsieur le
comte, les pages 27 et 28 jusqu'à la 35°;
il y eut peu d'interruption de la part

de l'auditoire. Seulement, lorsque vous
dites que les idées primitives sur le droit
naturel qu'ont les peuples de se choisir
un gouvernement s'effacent par degrés ;
on observa que cela devait être pour le
repos de la société, à moins de prétendre
que chaque génération rejetant avec mé-
pris l'ouvrage de ses pères, a le droit
de faire une constitution nouvelle. Cet
usage se voit, il est vrai, depuis quelque temps en France ; mais si les vices
ou les dangereuses applications d'un
principe sont démontrés par ses ré-
sultats, notre malheureux pays prouve
jusqu'à l'évidence que de telles erreurs
ne peuvent jamais contribuer, ni à la
gloire, ni au bonheur de ses citoyens.

On murmurait, lorsque parlant de
Bonaparte, de son abdication, de son
fils, de la régence, du peuple souverain au nom duquel vous vous vantez
d'avoir eu l'adresse de faire proclamer

les actes , parce que *vous tous* recon-
naissiez sa souveraineté d'un commun
accord; lorsque, dis-je, au milieu de
tous ces éléments hétérogènes , vous
mêlez les droits sacrés de Louis XVIII,
ne brouillez vous pas à dessein toutes
les notions de la souveraineté pour dé-
concerter les esprits faibles. Heureusement la justice divine et la sagesse hu-
maine ont su ramener celui que la
légitimité et le vœu général appelaient
au trône de plein droit.

Mais l'on supposait que tout ce ga-
limatias informe, n'était qu'un avis à
tous les partis : et, semblable à Des-
cartes qui, pour recomposer le monde
ne voulait que la possibilité de donner
une *chiquenaude* à ses molécules or-
ganiques, M. Carnot essaye d'imprimer
un mouvement à ses molécules révo-
lutionnaires, pour recréer son système
et ses institutions favorites.

Je n'avais pas l'air, M. le Comte, d'écouter des observations qui faisaient une critique amère de votre goût, de votre logique et de vos intentions. Je continuai ma lecture jusqu'à la pag. 35, où vous parlez du reproche que la malveillance a osé vous faire de chercher à désorganiser l'instruction publique. Ah! nous allons voir, s'écria-t-on de tous les côtés, ce qu'a fait M. le ministre de l'intérieur pour favoriser le progrès des lumières! nous allons connaître les arrêtés pris dans sa sagesse, leurs *considérants* puisés dans sa vaste érudition! les réglements de ses écoles, les choix impartiaux de ses professeurs, de ses *moniteurs*, ect. ect!.. Mais je fus fort embarrassé de répondre à toutes les mauvaises plaisanteries qui pleuvaient sur vous; après m'être convaincu que tous vos travaux s'étaient bornés (comme ministre de l'intérieur) à accueillir le vœu des élèves qui s'offraient pour servir Bonaparte qui les appelait aux armes, (page 56).

Je voyais bien que vous aviez adopté cette tournure , uniquement afin de rappeler avec adresse que le Roi ayant accepté le service des élèves, Bonaparte pouvait en faire autant. Mais je fus obligé de convenir que, lorsqu'on enrégimente des hommes qui cultivent les sciences et les lettres, et lorsqu'on préside à la formation des cadres d'une semblable armée, vous ne pouviez pas raisonnablement espérer que le public vous élevât des autels comme au restaurateur de l'instruction publique. Je fus bien plus embarrassé par cette apostrophe d'un de mes voisins.... Oseriez-vous bien répondre, Monsieur, me dit-il, que M. Carnot n'a pas eu la coupable pensée de réveiller les petites dissensions qu'a pu faire naître parmi ces jeunes-gens la diversité de leurs opinions? Mais, rassurons-nous : leurs jeunes cœurs, aussi purs que celui de la page 51 de M. Carnot, repousseront toutes les suggestions perfides : fidèles à l'honneur, fidèles à la patrie, ils suivront l'honorable carrière que la conscience de leurs talents les porte à parcourir; ils s'occuperont d'éclairer leur esprit en fermant leurs oreilles aux dangereuses insinuations des innovateurs et des méchants.

Après avoir vu que tous vos travaux pour l'instruction publique s'étaient bornés à la formation de quelques compagnies ou de quelques bataillons, nous lûmes avec tout l'intérêt qu'il inspire, votre article sur les fédérés et les fédérations.

Vous n'en êtes point l'auteur, mais vous ne vous seriez pas fait un scrupule de l'être : l'objet vous en a paru bon (page 37); et s'il en est résulté

quelques inconvénients (ce que vous
ne savez pas, page 38 ), votre gouvernement, c'est-à-dire, le gouvernement de Bonaparte, n'est pas plus
chargé d'en répondre, que le gouvernement actuel n'est responsable des
horreurs commises dans le midi.

Je trouvai ce parallèle amené avec
autant d'adresse qu'on pouvait l'at-
tendre de vous ; mais on ne vit dans
cette comparaison qu'une fade esco-
barderie, un machiavélisme maladroit,
et une perfidie déhontée.

Les dernières pages de votre Exposé sont consacrées à prouver la
sagesse des mesures qui ont été prises
pour sauver Paris des horreurs d'un
siége, et des maux qui l'accompa-
gnent. Vos raisonnements sont ceux
d'un tacticien ; mais nous pensâmes
que, sans doute, les auteurs appelés

à éclaircir ce fait historique, pour-
ront extraire leurs matériaux de car-
rières aussi pures que l'*Exposé de
votre conduite;* nous trouvâmes que
vous aviez été presque naïf en rap-
pelant ce que dit Henri IV, en 1594.
« J'aimerais mieux n'avoir point de
» Paris, que de l'avoir tout ruiné,
» tout désolé par la mort de tant de
» personnes. » Vous savez, et tout
le monde sait, que les sentiments de
Henri IV se retrouvent toujours dans
le cœur des Bourbons; et l'on disait :
Puisque M. Carnot aime à faire preuve
d'érudition, pourquoi, dans le moment que son cœur est tout plein de
Bonaparte, ne nous rappelle-t-il pas
aussi la proposition que son héros fit,
en avril 1814, aux officiers de son
armée, de revenir de Fontainebleau
faire le siège de Paris, et en chasser
les alliés? En citant ces deux traits,
les Parisiens apprendraient à con-

naître quel doit être le véritable objet de leur reconnaissance et de leur
amour.

Cependant, s'écria un de vos anta-
gonistes, qui me parut plus que tous
les autres disposé à vous condamner
sur tout : Si on disait à M. Carnot : Vous
avez sauvé Paris ; mais sans vous et les
vôtres, sans les principes désorgani-
sateurs de l'ordre social dont vous avez
infecté l'Europe, Paris n'eût jamais été
attaqué, on lui dirait la plus grande des
vérités, et celle qui entrera le plus
difficilement dans sa tête.

Cependant la postérité jugera que,
suivant les lois et l'ordre des événements naturels, un peuple auquel on
ôte le frein qui enchaîne les méchants,
et les lois qui protégent les faibles,
devait se livrer à toutes les erreurs et
à tous les crimes dont le souvenir nous
fait rougir ; il est dans l'ordre des évé-

nements naturels que ce peuple , après
avoir abusé de tous les pouvoirs, fi-
nisse par les céder à un homme auda-
cieux qui devient son maître; bientôt
ce maître sent la nécessité d'être tyran,
et pour enchaîner avec art ce peuple
furieux, il met à contribution ses ver-
tus et ses vices. Ainsi Bonaparte, après
avoir observé que l'ambition et l'amour
de la gloire étaient les plus puissants
mobiles de l'humanité, lève des armées innombrables, pleines d'un sen-
timent d'honneur susceptible d'être
dirigé au gré de ses projets, et livre
les administrations de l'État à des
hommes avides d'argent. Ces derniers
pressurent le peuple, en étouffant ses
plaintes et ses murmures, et le
tyran transporte aux extrémités du
monde la génération belliqueuse qui
pourrait encore sentir l'amour de la
liberté et le besoin de la reconquérir;
mais ce tyran soumis, comme toute la
nature , aux lois immuables de son

créateur, cède à son tour au pouvoir
invincible de ses passions. Enivré du
bonheur de voir que toute tremble devant lui, que les monarques les plus
puissants recherchent ses alliances,
l'orgueil le conduit à humilier les sou-
verains qu'il a le malheur de vaincre ;
l'injustice l'engage à engraisser ses
créatures avec le sang des peuples
chez lesquels il a pénétré ; il les gorge
de l'or conquis par les déprédations mi-
litaires ; et il a la barbarie de porter le
fer et la flamme chez des nations qu'il
ose appeler barbares. Mais enfin le
génie qui préside à la conservation de
l'humanité veille sur les jours de la génération, qu'il épouvanta par ses crimes ; le tyran cède à la puissance des
éléments ; Dieu semble proclamer sa
réprobation, et lui dire comme à Saül :
*Ton heure approche et ton règne a
cessé.* Les vaincus se réveillent ; ils se
rallient, ils opposent une barrière
d'airain aux transports du furieux qui

désola la terre, ils l'enchaînent et lui laissent le poids de la vie.

Mais le traité qui le réduit à l'impuissance de faire le mal, n'est point un frein respectable à ses yeux : le parjure brise bientôt ses fers, il devient une seconde fois puissant, il attaque, avec audace, ceux à la générosité desquels il dut la conservation de ses jours, et quelques illusions de pouvoir qui auraient dû le satisfaire. Enfin une campagne de trois jours détruit à jamais ses armées et dissipe son fol espoir ; les vainqueurs parcourent en triomphe les États du peuple malheureux qui servit les fureurs de cet usurpateur; et ce peuple, innocent de tant de crimes, éprouve tous les malheurs, toutes les humiliations qui ne devaient retomber que sur la tête du coupable et de ses complices.

Tous ces événements sont dans l'ordre des choses naturelles , mais

quelle en est la cause première, la
cause fatale contre laquelle toutes les
voix doivent tonner et tous les bras
devraient frapper. ? La cause première,
ce sont vos faux principes, M. Carnot,
ce sont vos astucieux sophismes, vos
murmures hypocrites, vos accusations
insolentes, et les moyens honteux que
vous et les vôtres employez pour faire
prévaloir vos mesures désastreuses.

Cependant, si sans orgueil, l'œil de
l'homme observateur et réfléchi se ha-
sarde à pénétrer dans l'avenir, il verra,
toujours en suivant cet ordre immuable des choses naturelles, qu'un État
comme la France doit trouver dans
l'immensité de ses ressources les
moyens de guérir tous ses maux. Il
observera que, d'après la pente des
esprits, cette nation entreprenante,
et même quelquefois aventurière, est
portée à étendre son industrie, et à
doubler par là ses ressources et ses

richesses. Mais pour que de si heu-
reuses espérances puissent se réaliser,
il faut la paix, un Monarque juste, et
un gouvernement immuable. Nous les
avons, oui nous les avons toutes ces
semences élémentaires du bonheur !
Qui peut donc arrêter les effets salu-
taires de cette heureuse réunion? Hélas!
toujours les mêmes causes ; toujours
ces hommes qui repoussent ce qui est
juste et légitime ; qui se plaisent uniquement dans le désordre et dans l'a-
narchie ; aux yeux desquels les institutions les plus saintes ne méritent aucun
respect ; et qui, ayant sans cesse les
mots de patrie, de liberté, à la bouche,
enfoncent le poignard dans le cœur
de leur patrie, et forment de nouvelles
chaînes pour asservir leurs concitoyens.
Puisse enfin la sainte vérité dessiller
les yeux de tous les Français ! Puis-
sions-nous, étouffant tout désir de ven-
geance, revenir à la loyauté de nos
pères, les imiter dans leur respect

pour la religion , dans leur amour pour leurs Rois ; et atteindre enfin ce bonheur , cette prospérité dont on nous parle sans cesse , et que nous ne connaissons plus !

Enfin , monsieur le Comte , nous terminâmes la lecture de l'Exposé de votre conduite par laquelle vous demandez la permission de parler un moment de vous. On observa que vous ne nous aviez pas parlé d'autre chose, et qu'en conséquence il était ridicule de demander une permission que vous aviez si longuement et si largement prise.

Vous avouez que vous n'avez encore rien fait ni pour votre bonheur ni pour votre fortune.

Pour son bonheur , disait-on ! cela se conçoit aisément. En est-il sans la paix de la conscience ? et, quoiqu'en dise M. Carnot, la sienne doit être bourrelée par des souvenirs ineffaça-

bles que la postérité n'oubliera jamais. Quant à sa fortune , il ne nous
appartient pas d'en faire l'inventaire,
et l'on peut se borner à répéter, avec
un judicieux rédacteur , que ce n'est
pas tout d'être désintéressé , et qu'il
serait peut - être préférable que vous
eussiez par devers vous quelques mil-
lions de plus et quelques actions de
moins.

Enfin, disait-on , puisque M. Carnot
travaille depuis vingt - cinq ans sans
avoir rien pû faire, ni pour son bonheur, ni pour celui de sa patrie, ni
pour sa gloire, ni pour sa fortune,
il est malheureux ou mal - adroit ;
quel est donc le malin démon qui le
pousse encore à oser faire quelque
chose ?

Il est inutile, M. le Comte, que je
vous explique l'impression qu'ont pû
faire sur mon esprit les remarques et
les critiques que je viens de vous ex-

poser. Mes sentiments et mon estime pour vous n'ont cessé d'être les mêmes, c'est vous donner une bien forte preuve de leur invariabilité, et je vous prie d'en agréer l'expression.

Charles T.....R (1).

## CONCLUSIONS.

Si Monsieur Carnot, connaissant les motifs qui l'ont fait comprendre dans l'ordonnance du 24 juillet, eût publié un mémoire capable d'éclairer ses juges, et de disposer en sa faveur ; si cet ouvrage était écrit avec le respect que tout Français doit à son sou-

---

(1) L'auteur n'a mis à cet écrit que la lettre initiale de son nom, parce que ce nom, inconnu du public, ne pouvait lui inspirer aucune confiance ; mais il n'a point exigé que l'on en fît un mystère, et il ne le désavouera jamais. Lorsque l'on n'a à rougir ni de ses principes, ni des erreurs qui peuvent en être la suite, on ne cherche point à se cacher dans l'ombre.

verain, et avec tous les égards que
tout écrivain doit au public ; sans doute
( nous nous plaisons à le répéter) nous
manquerions de délicatesse en cher-
chant à diminuer la force des argu-
ments qui militent en sa faveur ; nous
serions même inexcusables, si nous
osions nous permettre la moindre ob-
servation.

Mais si au contraire M. Carnot, feignant d'ignorer les motifs de la sévérité
que le gouvernement a déployée contre
lui, et quand son premier juge tonne
au fond de sa conscience, publie un
ouvrage dans lequel , sous le vain pré-
texte de sa justification, il ose de nouveau jeter dans le public les semences
empoisonnées qui ont produit nos derniers malheurs ; si en amalgamant sans
goût, sans discernement et sans logique,
une masse de faits incohérents, avec
l'intention manifeste de vouloir miner
l'autorité légitime au profit d'un odieux

usurpateur, dont le nom ne peut plus
être dans le cœur d'un homme de bien,
et ne devrait jamais sortir de la bouche
d'un Français ; si, disons-nous, il dé-
nature les intentions les plus louables
et les présente sous des formes capables
de rallumer nos discordes, alors M. Carnot cesse de nous intéresser comme
prévenu, et nous ne voyons plus en lui
un homme à respecter, mais un homme
à signaler comme dangereux pour sa
patrie.

Si cependant, ainsi que nous le pen-
sons, M. Carnot dominé par un orgueil excessif cède involontairement à
l'irrésistible besoin de constamment
entretenir le public de ses travaux et de
lui ; si, par la nature de son organisa-
tion, il est reconnu doué d'un jugement qui n'adopte uniquement que les
idées erronées ; si son esprit est tra-
vaillé par cette fièvre qui conduit à
une aliénation mentale, par les effets

d'une dégradation insensible ; si en ou-
trageant les autorités les plus dignes
de son respect , il croit donner une
preuve de son courage et de sa raison ;
si, en allumant les feux de la discorde,
en armant les frères contre les frères,
il croit aussi que la pureté de son cœur
n'est pas altérée ; que devons-nous con-
clure ? que s'il est des moyens capables
de redresser un pareil jugement, il
doit en faire usage. Mais nous devons
desirer que le gouvernement, en lui
imposant silence, prévienne ces écarts ;
puisque sa maladie, semblable à toutes
les épidémies contagieuses, et sur-tout
à la peste, attaque le corps politique
dans les sources les plus pures de sa
vie, et décide toujours les transports,
les délires, les convulsions, les déchi-
rements et la mort.

FIN.

www.ingramcontent.com/pod-product-compliance
Lightning Source LLC
LaVergne TN
LVHW022036080426
835513LV00009B/1071